Cahier d'écriture

avec **Sami** et **Julie**

A. Cecconello
Professeur des écoles

Ce cahier appartient à :

Francesca

hachette
ÉDUCATION

Présentation

Ce cahier d'écriture va permettre à votre enfant d'apprendre à **former les 26 lettres de l'alphabet et les 10 chiffres** suivant une progression parallèle à son apprentissage de la lecture : **écriture progressive** de lettres, de mots, puis de phrases simples.

Des exercices de **graphisme** pour apprendre le bon geste, précèdent l'écriture de chaque lettre ou chiffre.

L'enfant apprendra à écrire en **plusieurs tailles**, en **majuscule** d'imprimerie, en **cursive** (attaché) et en **minuscule**.

Un **poster**, situé au centre du cahier, aidera votre enfant à mémoriser l'alphabet et les chiffres.

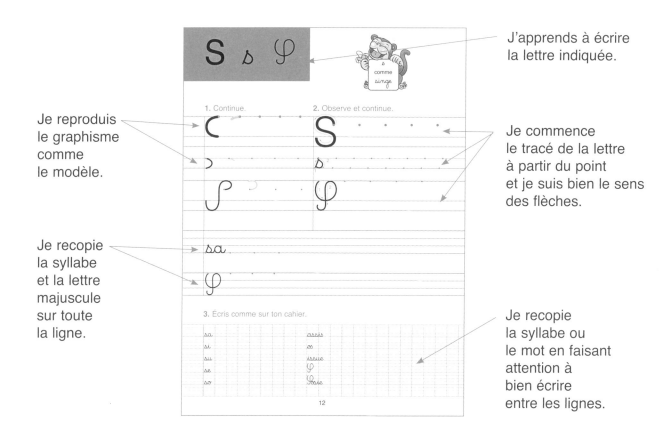

J'apprends à écrire la lettre indiquée.

Je reproduis le graphisme comme le modèle.

Je commence le tracé de la lettre à partir du point et je suis bien le sens des flèches.

Je recopie la syllabe et la lettre majuscule sur toute la ligne.

Je recopie la syllabe ou le mot en faisant attention à bien écrire entre les lignes.

Maquette de couverture : Mélissa Chalot
Réalisation de la couverture : Mélissa Chalot
Illustration de la couverture : Coralie Vallageas
Illustrations de l'intérieur : Philippe Rasera et *pages 41-42* : Alain Boyer
Maquette intérieure et réalisation de la mise en pages : Médiamax

ISBN 978-2-01-171464-0

www.hachette-education.com

Sommaire

Pages

Présentation 2

A a 𝒜 4

I i 𝒥 5

O o 𝒪 6

U u 𝒰 7

E e 𝒞 8

é è ê 9

Révision 1 10

S s 𝒮 12

L l ℒ 13

R r ℛ 14

N n 𝒩 15

M m ℳ 16

F f ℱ 17

V v 𝒱 18

P p 𝒫 19

Révision 2 20

B b ℬ 22

T t 𝒯 23

D d 𝒟 24

C c 𝒞 25

Pages

Q q 𝒬 26

K k 𝒦 27

G g 𝒢 28

H h ℋ 29

Révision 3 30

J j 𝒥 32

Y y 𝒴 33

Z z 𝒵 34

X x 𝒳 35

W w 𝒲 36

Des syllabes –
des mots – des phrases 37

Révision 4 38

Les chiffres 0 et 1 40

Les chiffres 2 et 3 41

Les chiffres 4 et 5 42

Les chiffres 6 et 7 43

Les chiffres 8 et 9 44

Au centre du cahier,
un poster de l'**alphabet**
et les **10 chiffres**.

A a 𝒜

a
comme
âne

1. Continue.

2. Observe et continue.

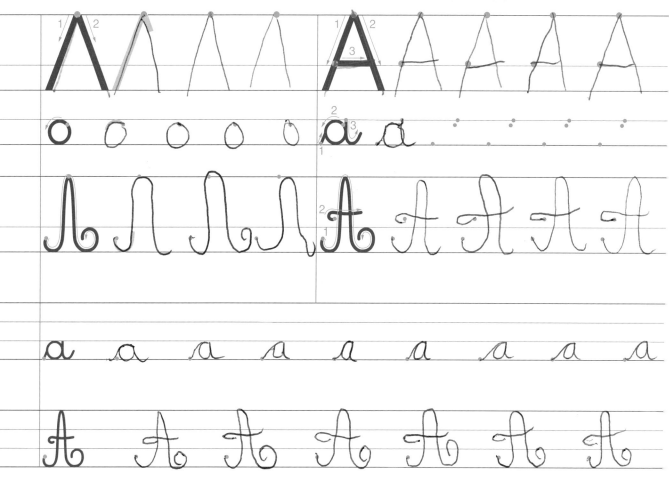

3. Écris comme sur ton cahier.

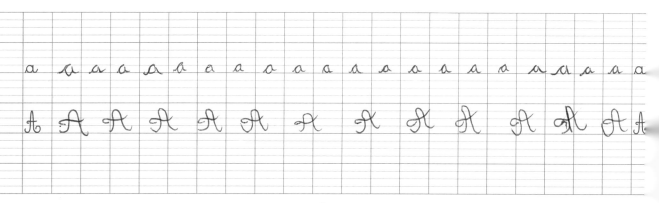

i comme iguane

1. Continue. **2.** Observe et continue.

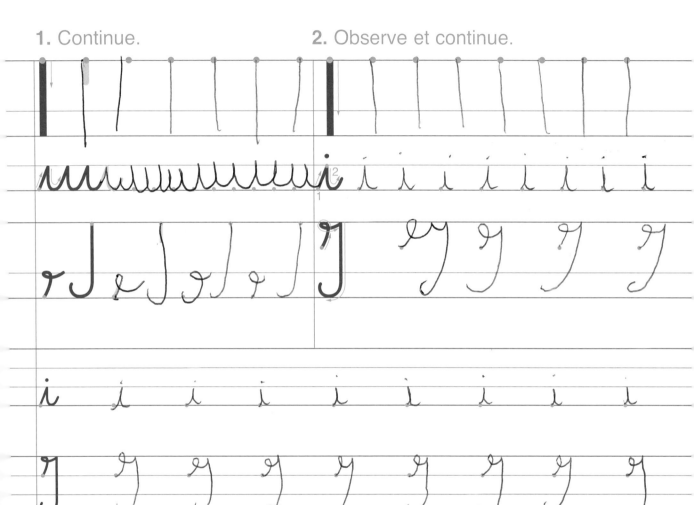

3. Écris comme sur ton cahier.

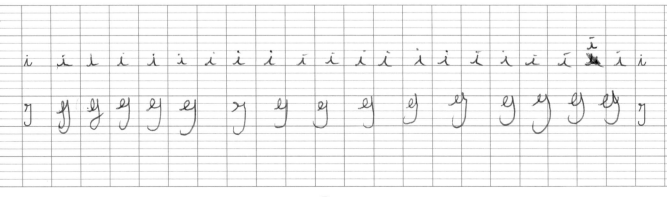

comme

ours

1. Continue.　　　　　　　　**2.** Observe et continue.

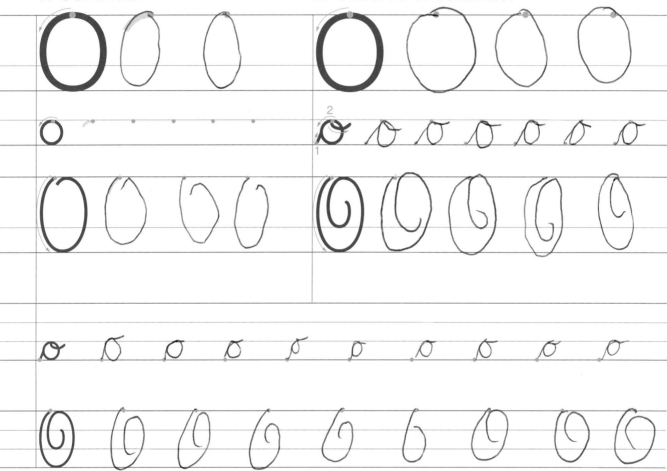

3. Écris comme sur ton cahier.

u
comme
unau*

* ou paresseux

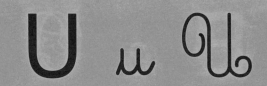

1. Continue.

2. Observe et continue.

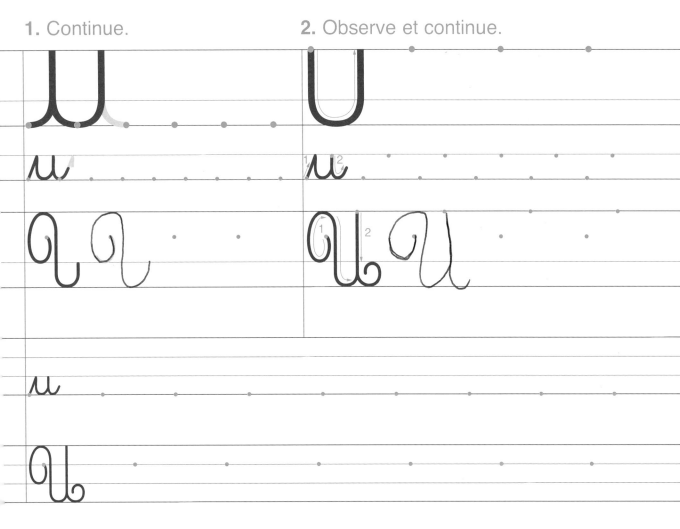

3. Écris comme sur ton cahier.

7777777

E ℓ ℰ

ℓ comme
éléphant

1. Continue.

2. Observe et continue.

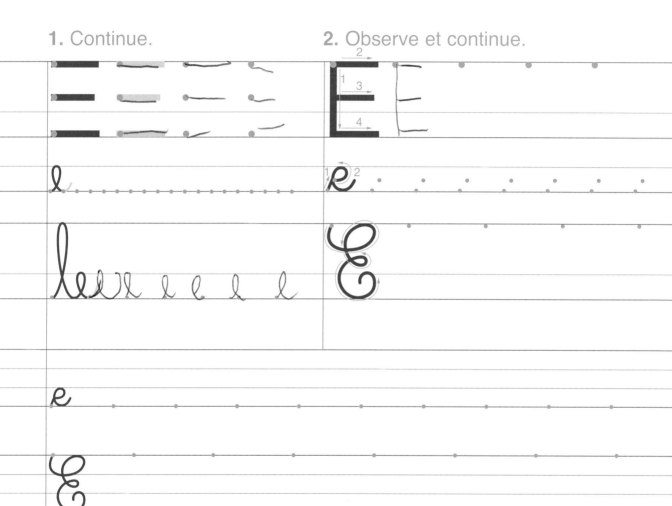

3. Écris comme sur ton cahier.

é è ê

1. Continue.

2. Observe et continue.

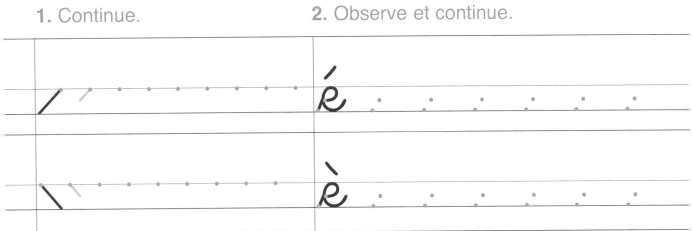

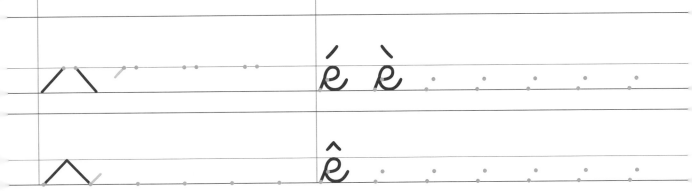

3. Écris comme sur ton cahier.

Révision 1

1. Observe et continue.

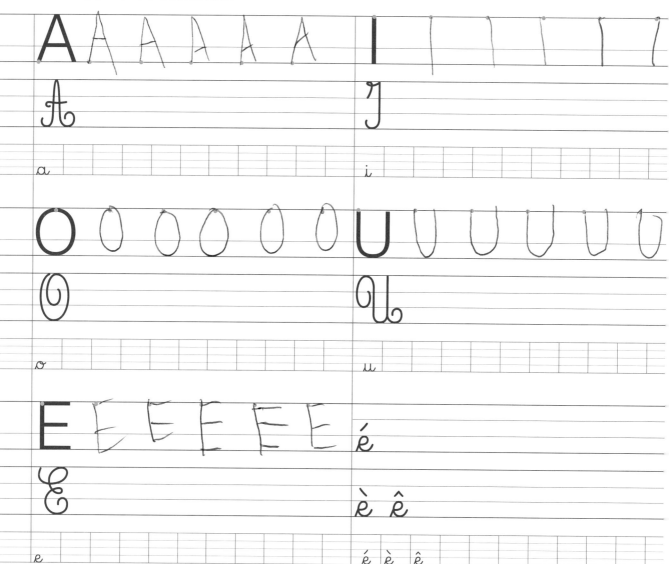

2. Regarde le poster situé au centre du cahier, puis écris les voyelles qui manquent dans l'alphabet.

_b c d   f g h   j k l m n   p q r s t   v w x   z_

3. Pour faire les bulles, repasse sur les pointillés en suivant les flèches, puis écris les voyelles à l'intérieur, en majuscule.

4. Colorie.

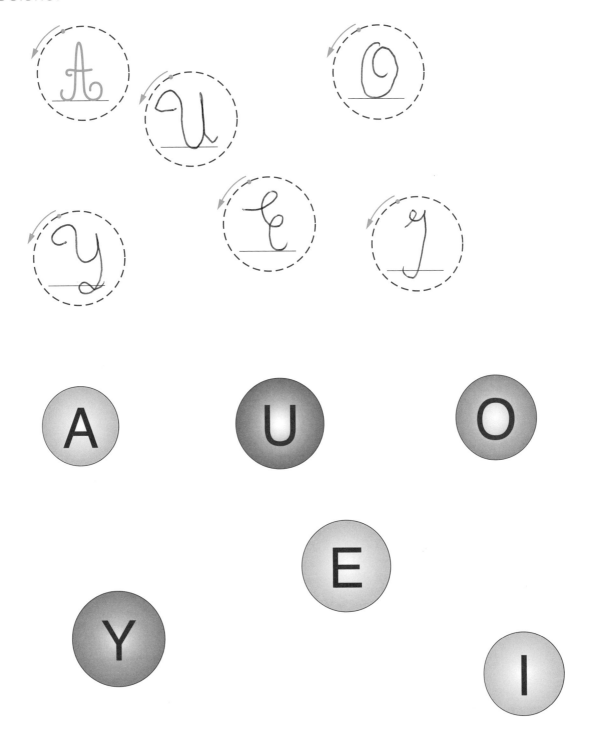

S s

comme singe

1. Continue.

2. Observe et continue.

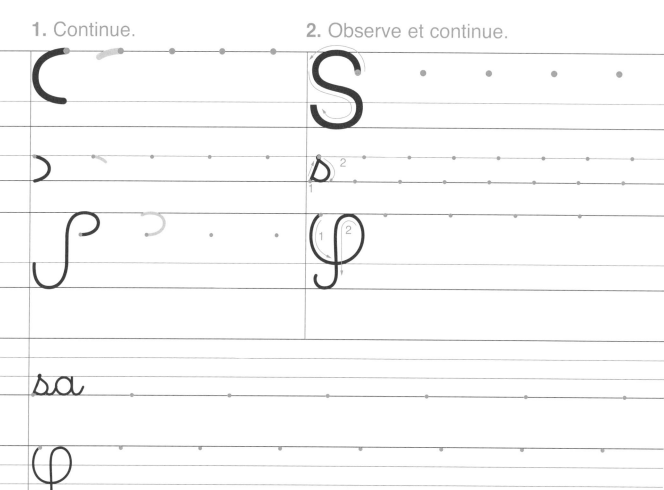

sa

3. Écris comme sur ton cahier.

sa					assis			
si					os			
su					issue			
se					S			
so					Sosie			

l comme lapin

L l 𝓛

1. Continue.

2. Observe et continue.

la

Léa a lu.

3. Écris comme sur ton cahier.

la	le lis
li	la salle
lo	il a sali
lu	𝓛
le	𝓛ola

13

R r R

r comme renard

1. Continue.

2. Observe et continue.

R
r
R

R
r
R

re

Rosalie

3. Écris comme sur ton cahier.

ra	le rire
re	la salière
ri	il a réussi
ro	R
sur	Raoul

n comme narval

N n 𝒩

1. Continue.

2. Observe et continue.

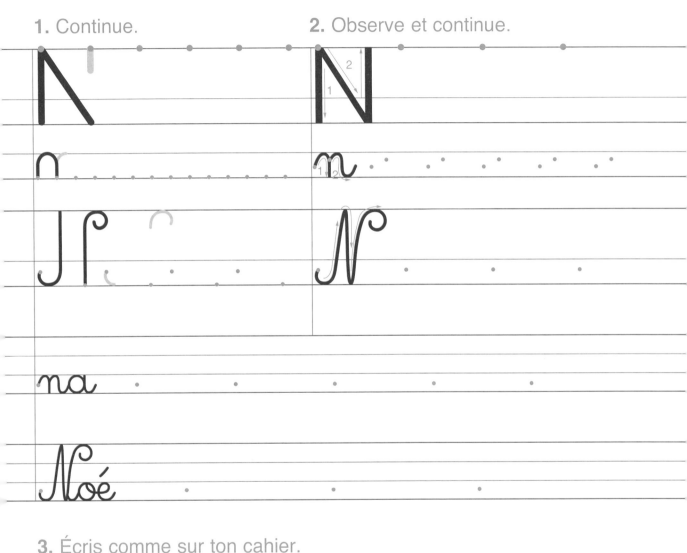

na

Noé

3. Écris comme sur ton cahier.

na				
nu				
ni				
no				
ne				

une sonnerie

un âne

la lune

𝒩

Nina

M m ℳ

m comme marmotte

1. Continue.

2. Observe et continue.

ma

Marius

3. Écris comme sur ton cahier.

ma		ma mère
mi		la mare
me		ℳ
mo		Marie
mu		Sami

comme
fourmi

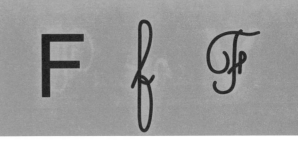

1. Continue.

2. Observe et continue.

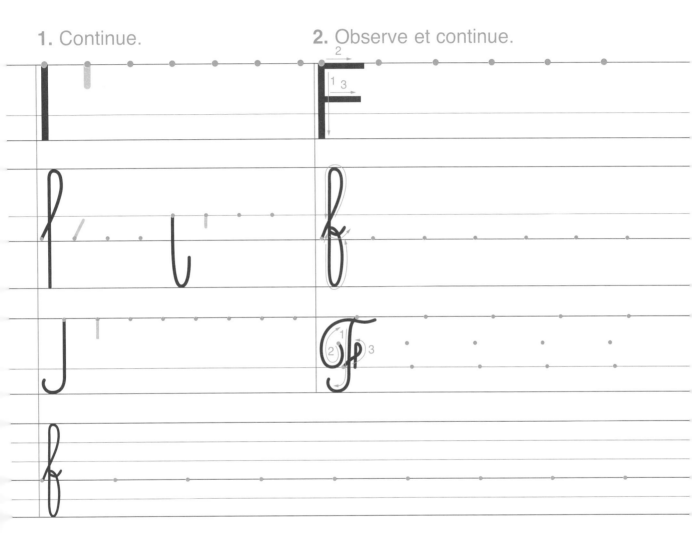

3. Écris comme sur ton cahier.

la farine

le fossé

F

France

La fumée a affolé ma mère.

V v 𝒱

𝓿
comme
vache

1. Continue.

2. Observe et continue.

vélo

Valérie

3. Écris comme sur ton cahier.

la ville   un élève
une revue   la valise
𝒱   Vanessa
Sami a vu un navire.
Elle va à la rivière.

r comme perroquet

P ṗ ℘

1. Continue.

2. Observe et continue.

poli

Papa

3. Écris comme sur ton cahier.

le piano

la purée

℘

Papi a fermé le parasol.

la parole

une épée

Paris

Révision 2

Observe et continue.

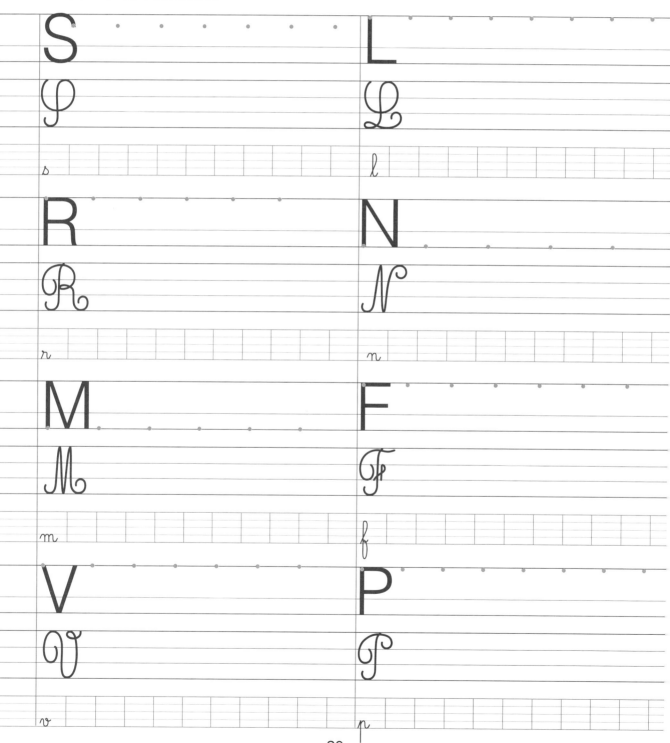

1. Observe, puis écris les mots.

il   elle

le   la

un   une

2. Écris les mots.

il   il remue

un   un repas

le   le navire

elle   elle a lu

une   une année

la   la rue

3. Écris les phrases comme sur ton cahier.

1. Samedi, Léo va aller à la ferme.

2. Papa a vu une vipère à la rivière.

B b ℬ

b comme baleine

1. Continue.

B

l   v

J

bébé

ℬasile

2. Observe et continue.

B

b

ℬ

3. Écris comme sur ton cahier.

la bobine

une barbe

ℬ

une belle bulle

Sami a un ballon.

un biberon

la parabole

ℬéa

L'alphabet et les 10 chiffres

Sur ce poster, tu trouveras toutes les lettres et les chiffres que tu auras appris à écrire dans ton cahier. Tu peux le détacher et l'afficher au-dessus de ton bureau ou sur un mur.

L'alphabet comprend :

– 6 voyelles

a – e – i – o – u – y

– 20 consonnes

b – c – d – f – g – h – j

k – l – m – n – p – q – r

s – t – v – w – x – z

L'ALPHABET

A A
a a a
âne

F F
f f
fourmi

G G
g g
girafe

H H
h h
hibou

I I
i i
iguane

N N
n n
narval

O O
o o
ours

P P
p p
perroquet

Q Q
q q
quetzal

V V
v v
vache

W W
w w
wapiti

X X
x x
xérus
(voisin de l'écureuil)

Y Y
y y
yack

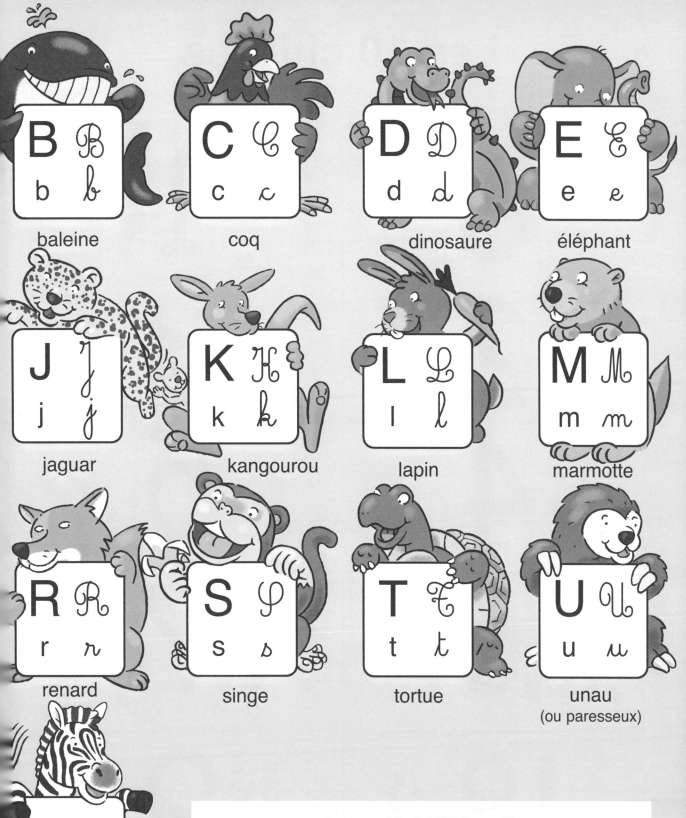

baleine

coq

dinosaure

éléphant

jaguar

kangourou

lapin

marmotte

renard

singe

tortue

unau
(ou paresseux)

zèbre

Les 10 chiffres :

0 1 2 3 4 5 6 7 8 9

Les 10 chiffres

t comme tortue

T t 𝓣

1. Continue.

2. Observe et continue.

l

𝓣

t

𝓣

tête

𝓣atiana

3. Écris comme sur ton cahier.

ta vitamine

une tirelire

𝓣

la tuile

utile

𝓣homas

𝓣u as une petite tortue.

D d D

d comme dinosaure

1. Continue.

2. Observe et continue.

domino

Didier

3. Écris comme sur ton cahier.

une bordure	démodé
la limonade	drôle
D	Diane

La robe de Léa est à la mode.

c comme coq

C c $\mathscr{C}$

1. Continue.

2. Observe et continue.

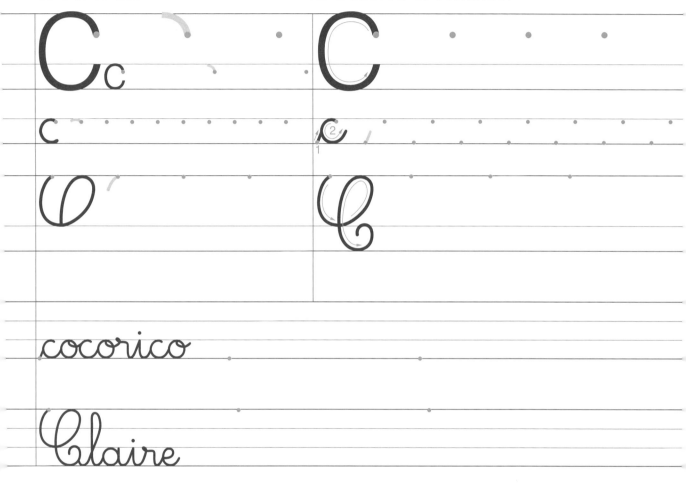

C c

C

c

c

O

$\mathscr{C}$

cocorico

Claire

3. Écris comme sur ton cahier.

la caméra

à côté

un sac

un pic

$\mathscr{C}$

Corinne

Il a mis le sac dans la cabane.

Q q 2

q
comme
quetzal

1. Continue.

O

q

6

que

Quentin

2. Observe et continue.

Q

q

2

3. Écris comme sur ton cahier.

une équipe

un coquelicot

2

Qui a dit que Sami est comique ?

la qualité

comique

quatre

26

K comme kangourou

1. Continue.

2. Observe et continue.

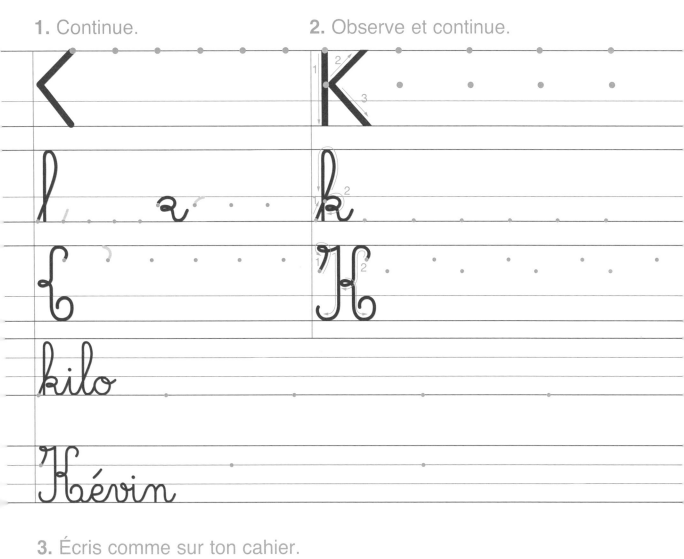

K

l

ℓ

kilo

Kévin

k

H

3. Écris comme sur ton cahier.

le kiosque
la polka
H

le ski
un koala
Karim

Sami a vu un petit koala.

G g G

g
comme
girafe

1. Continue.

2. Observe et continue.

G · G 1
2
g g 2 3
1
G G
guéri
Gabin

3. Écris comme sur ton cahier.

le légume   ta gomme
ma bague   la guitare
G   Gautier

Marie a une belle bague.

h comme hibou

H h ℋ

1. Continue.

2. Observe et continue.

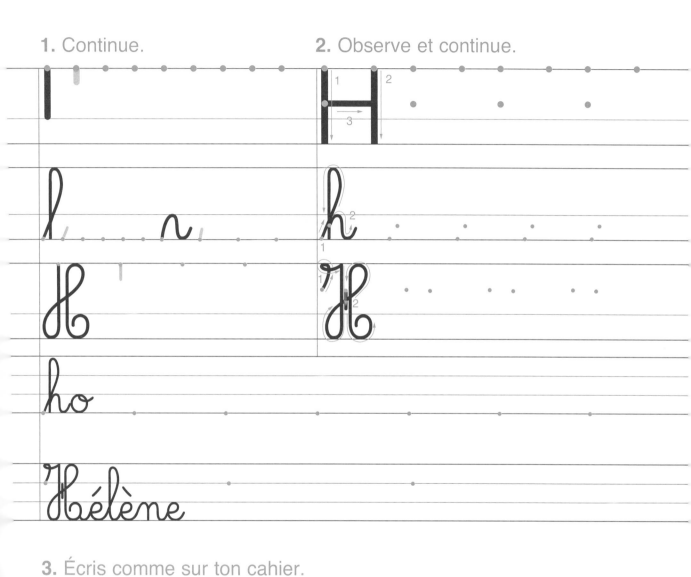

l n

ℋ

ho

Hélène

h

ℋ

3. Écris comme sur ton cahier.

un haricot   une harpe
l'harmonica   le héros
ℋ

Sami a un harmonica et Julie une harpe.

Observe et continue.

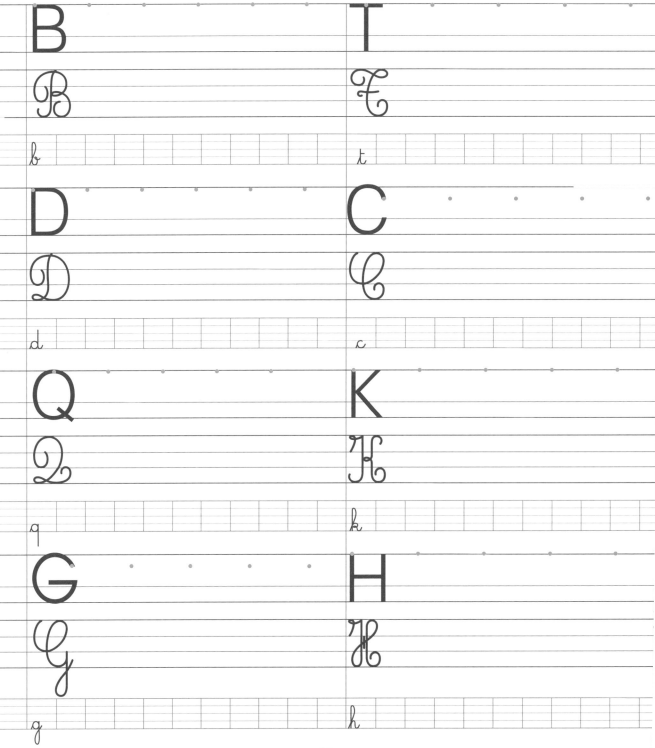

B
ℬ
b

T
𝒯
t

D
𝒟
d

C
𝒞
c

Q
𝒬
q

K
𝒦
k

G
𝒢
g

H
ℋ
h

1. Écris le mot en attaché.

UNE   BOBINE   *une* ....

UN   DOMINO   ....

LE   TAPIS   ....

LA   LOCOMOTIVE ....

LE   KÉPI   ....

UN   HARMONICA   ....

LA   GUITARE   ....

UN   COQUELICOT ....

2. Observe les lettres sur la page de gauche, puis complète le mot avec celle qui convient.

un co___   *l'___élicoptère*

la fi___ure   *le lava___o*

le remè___e   *la ___irelire*

3. Écris les phrases comme sur ton cahier.

L'animal a sa tanière dans la forêt.

Le renard sort la nuit avec son bébé.

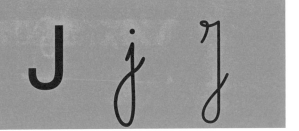

j comme jaguar

1. Continue.

2. Observe et continue.

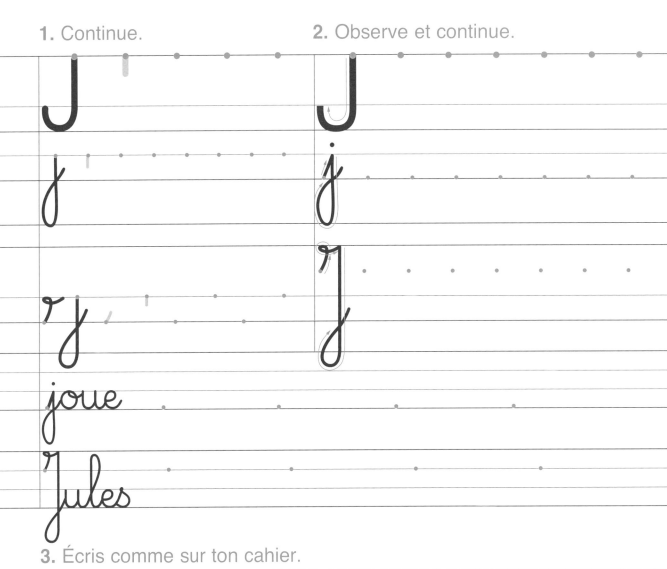

J

j

g

joue

Jules

J

j

g

g

3. Écris comme sur ton cahier.

la jupe de Julie
g

déjà
Jérémie

Julie a vu une jolie biche près du mur.

32

y
comme
yack

Y Y y Y

1. Continue.

2. Observe et continue.

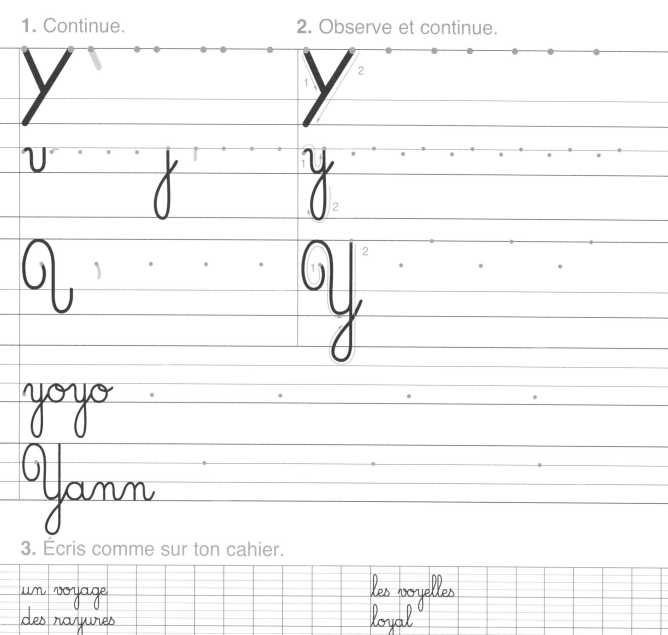

yoyo

Yann

3. Écris comme sur ton cahier.

un voyage
des rayures

les voyelles
loyal

Yannick va faire un voyage.

Z Z Z

z
comme
zèbre

1. Continue.

2. Observe et continue.

Z   Z

z   z   z

Z   Z

zéro

Zoé

3. Écris comme sur ton cahier.

le zoo   les zèbres
un zéro   un lézard
Dans le zoo, Julie a vu une jolie zibeline.

Zoé a attrapé un lézard.

x
comme
xérus*

* voisin de *l'écureuil*

1. Continue.

X

o · c

𝒳

2. Observe et continue.

X

x

𝒳

dix

𝒳avier

3. Écris comme sur ton cahier.

un texte
le dix
𝒳

les exercices
l'index
𝒳avier

Sami a fait tous ses exercices.

W w W

w comme wapiti

1. Continue.

W

w

W

kiwi

William

2. Observe et continue.

W

w

W

3. Écris comme sur ton cahier.

un wagon	le kiwi
un wapiti	un western
W	Willy

1. Observe et recopie.

tein				rail				tresse			
trian				teil				relle			
rieu				feuil				sette			
pion				nouil				cienne			
mien				nill				tenne			
bain				ves				rel			

2. Observe et recopie.

| une catastrophe | | une brioche | | une égratignure | |
| les châteaux | | la sœur | | une ceinture | |

3. Recopie les phrases.

Sami joue aux échecs avec son papa.

Elle aimerait devenir une vraie comédienne.

Révision 4

1. Observe et continue.

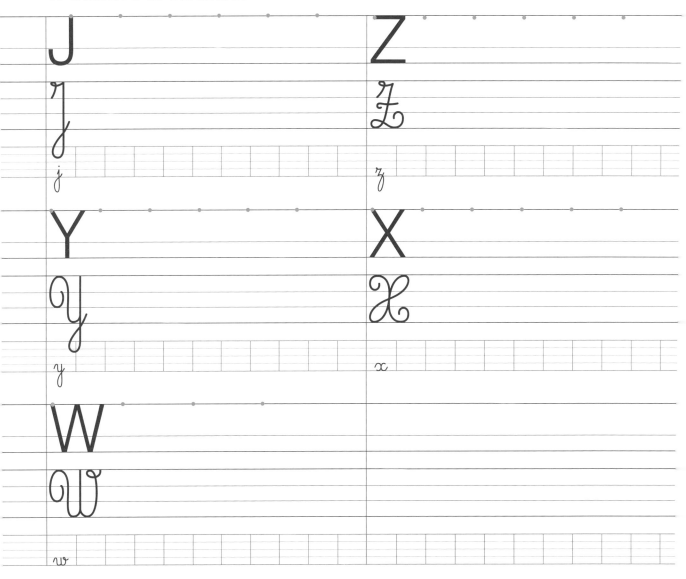

2. Écris les minuscules.

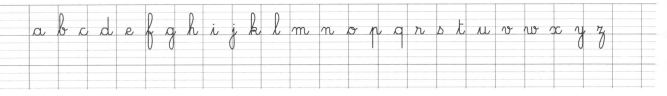

1. Recopie le texte.

Notre oncle Simon prépare une bonne confiture de melon.
– Nous, nous préférons la compote et les bonbons, dit Julie.
– Oh, les gloutons ! répond l'oncle.
Il ouvre le bocal, distribue des bonbons à tout le monde, le rebouche,
puis retourne avec Sami à la cuisine et continue sa confiture.

2. Écris les majuscules.

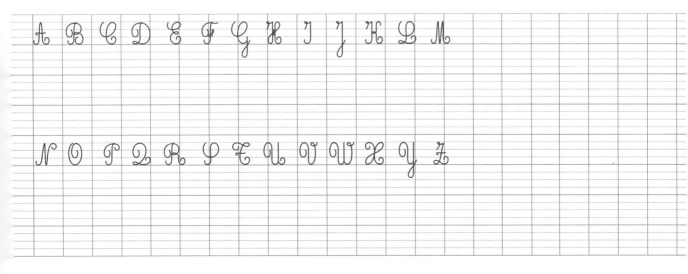

Les chiffres

1. Observe et continue.

0 0

0 0

0

0

1. Observe et continue.

1 1

1 1

1

1

2. Écris comme sur ton cahier.

0
0

2. Écris comme sur ton cahier.

1
1
0 1

3. Dessine les perles du collier et colorie-les.

3. Repasse avec une couleur sur tous les 1 que tu vois dans le rond.

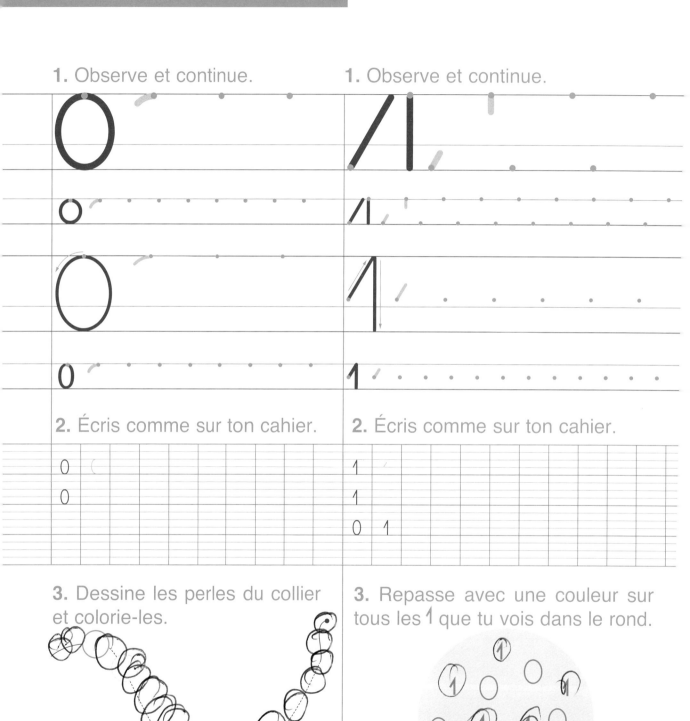

1. Observe et continue.

1. Observe et continue.

2. Écris comme sur ton cahier.

2	2						
2							
0	1	2					

2. Écris comme sur ton cahier.

3	3						
3							
0	1	2	3				

3. Écris le nombre de hérissons que Léo a vu dans le jardin.

1 + 1 = 2

3. Termine la maison en dessinant 1 cheminée, 2 portes et 3 fenêtres.

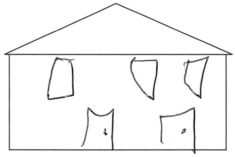

Les chiffres

1. Observe et continue.

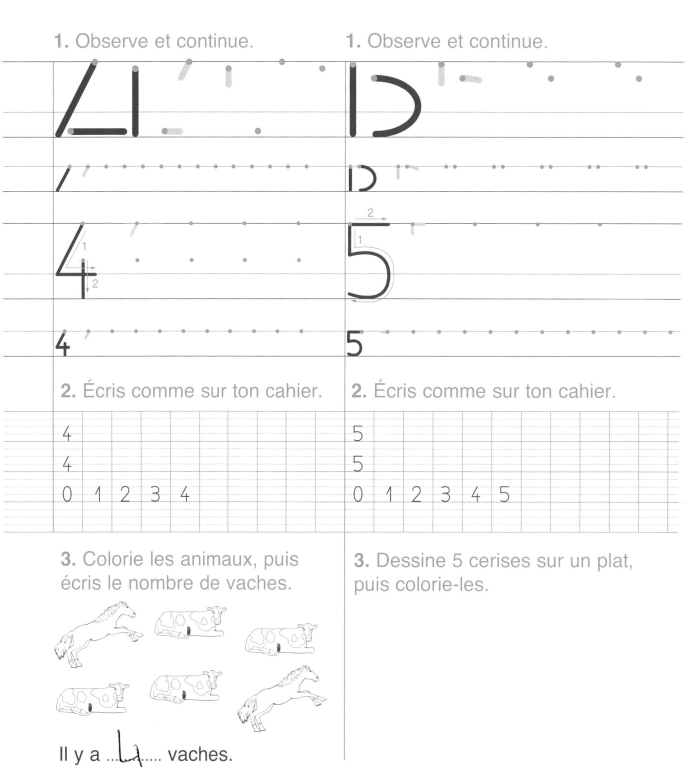

4

4

2. Écris comme sur ton cahier.

4						
4						
0	1	2	3	4		

3. Colorie les animaux, puis écris le nombre de vaches.

Il y a ...4... vaches.

1. Observe et continue.

5

5

2. Écris comme sur ton cahier.

5						
5						
0	1	2	3	4	5	

3. Dessine 5 cerises sur un plat, puis colorie-les.

Les chiffres

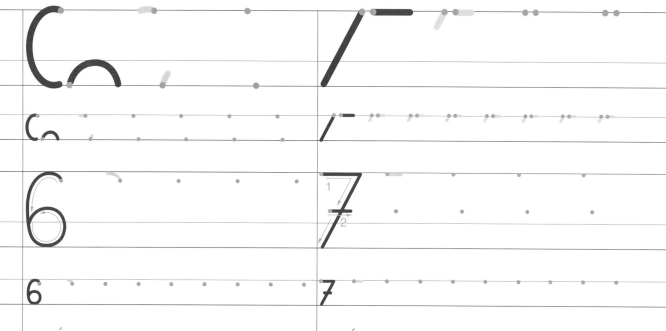

2. Écris comme sur ton cahier.

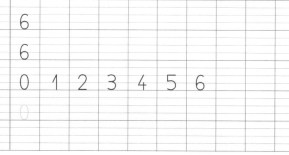

2. Écris comme sur ton cahier.

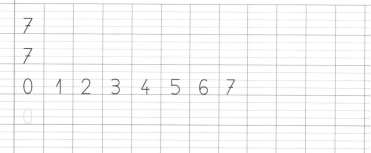

3. Écris le chiffre sous chaque dé.

3. Fais l'addition sur le tableau.

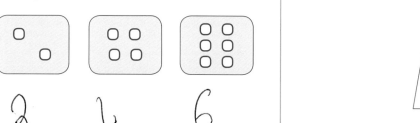

43

Les chiffres

1. Observe et continue.

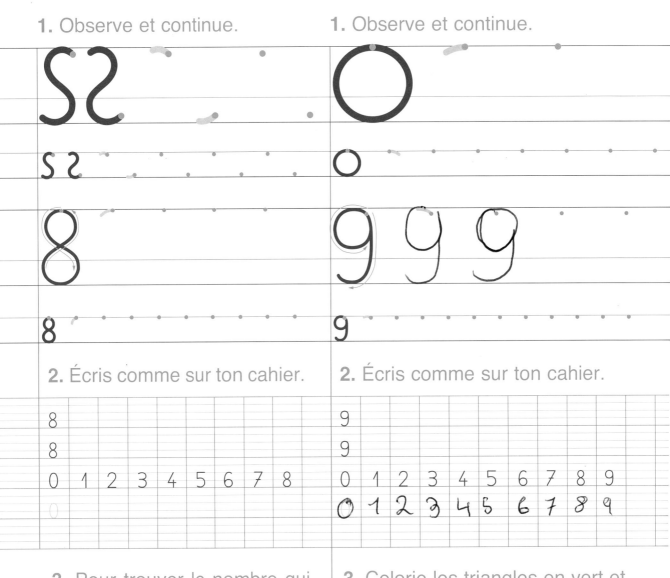

1. Observe et continue.

2. Écris comme sur ton cahier.

8									
8									
0	1	2	3	4	5	6	7	8	
0									

2. Écris comme sur ton cahier.

9									
9									
0	1	2	3	4	5	6	7	8	9
0	1	2	3	4	5	6	7	8	9

3. Pour trouver le nombre qui se cache, relie les chiffres en partant de 0 jusqu'à 8.

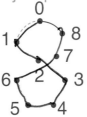

3. Colorie les triangles en vert et les ronds en rouge.

Combien as-tu colorié de triangles ? 9

Achevé d'imprimer en Espagne par Cayfosa-Dépôt legal : Mai 2014
Collection n° 12-Edition 02 - 17/1464-1